Ulrich Peters

Ja, jauchzet, frohlocket

Weihnachtliche Entdeckungen
mit Johann Sebastian Bach

mit Illustrationen
von Elsbeth Messmer

Die Kunst
der Fingerfertigkeit
von
CARL CZERNY
OP. 740
Revidierte Ausgabe

*„Bachs Weihnachtsoratorium:
Seit meiner Kindheit stehe ich staunend
vor diesem Wunderwerk,
das einen überwältigend hohen Anspruch
mit unsagbarer Wärme und Zuwendung verbindet."*

Peter Schreier, Kammersänger und Dirigent

Es beginnt mit einem, genau genommen mit einigen Paukenschlägen. Sie kommen von weit her und reichen bis in die Jahre 1734/35 zurück. Aber wenn sie erschallen, beginnt auch für viele Menschen heute Weihnachten. Ich bin einer von ihnen. Wenig später setzt dann eine Trompete mit einer schmetternden Aufwärtsfanfare ein. Offenbar will uns hier jemand etwas sagen, das nicht weniger als Pauken und Trompeten braucht. Kein geringerer als Johann Sebastian Bach bittet um unsere Aufmerksamkeit. Was er uns mitzuteilen hat, klingt buchstäblich wie *Musik in den Ohren.*

Für mich ist Musik so etwas wie die Muttersprache der Menschheit, sie ermöglicht ein inniges Verstehen ohne Worte.

Es gibt wohl nur wenige Erfahrungen, die uns auf so einfache und unmittelbare Weise ansprechen, mit Glück erfüllen und so einen bedeutenden Einfluss auf unsere Stimmung haben, wie die Begegnung mit Musik. Musik birgt eine geheimnisvolle Macht. Sie rührt an unseren Wesenskern und mobilisiert unser inneres Wissen. Musik kann Medizin sein. Sie ermutigt und motiviert, indem sie unsere besten Emotionen weckt. Häufig verbindet sie sich auch mit persönlichen Erinnerungen und damit verflochtenen positiven Empfindungen. Sie geht unmittelbar zu Herzen, beeinflusst messbar unseren Herzschlag und Blutdruck, die Atemfrequenz und Muskelspannung. Aus der Hirnforschung wissen wir, dass es beim Musikgenuss in unseren ältesten Hirnregionen zur Ausschüttung derselben Glückshormone kommt, die auch bei anderen befriedigenden und anregenden Aktivitäten ein tiefes und angenehmes Wohlbefinden hervorrufen. Das gilt umso mehr angesichts der unvergleichlichen musikalischen Räume, die Bach uns eröffnet. Sie machen unsere Seelen weit und offen und zugänglich und vermögen einen neuen Rhythmus in unsere gehetzten Herzen zu legen, wenn wir sie betreten.

Im Weihnachtsoratorium verstärken sich die Wirkungen der Musik und die der Worte wechselseitig. Vermutlich gehen letztere auf die Zusammenarbeit Bachs mit seinem langjährigen Librettisten *Christian Friedrich Henrici, alias Picander* zurück. Wegen der besonderen Entstehungsbedingungen des Weihnachtsoratoriums dürfte aber ebenso sicher sein, dass Bach selbst Einfluss auf dessen *Wording* genommen hat und seine Stimme deshalb auch direkt aus den Worten des Werkes zu vernehmen ist. Fast 300 Jahre alt bedürfen sie für unser heutiges Sprachempfinden ganz gewiss einer Entschlackung. Aber unter den Ablagerungen der Jahrhunderte tritt ein Lebenswissen zutage, das frischer, inspirierender und anregender auch heute nicht sein könnte.

Das Weihnachtsoratorium birgt Schlüsselworte der Lebenskraft, die nur darauf warten, entdeckt zu werden, damit sie ihre Energie entfalten können.

Wie Leitsterne leuchten sie hervor: Freude, immer wieder Freude. Friede, Mut, Glück und Gelingen, Stärke, Strahlen, Leuchten, Licht und Sonne, Wunsch und Wohl – um nur einige zu nennen. Die *Positive Psychologie des gelingenden Lebens* versichert uns heute, dass jene, die in ihrem Leben darauf bauen, aufblühen. Bach hatte offenbar schon früh eine Ahnung um diese Zusammenhänge. Wer es probiert und sich von ihm anstiften lässt, auch gegenteiligen Erfahrungen zum Trotz, Lebensfreude und einen positiven Blick auf die

Welt und das Leben zu entwickeln, erfährt deren belebende Wirkung am eigenen Leib. Das wirft auch ein neues Licht auf eine der Bestimmungen von Barockmusik, die nämlich, die Hörer zu erfreuen. Diese Freude, die Bach in seinen Hörern wecken will ist, wie *Meinrad Walter* anmerkt, „kein ästhetischer Ersatz für eine ansonsten vielleicht eher freudlose Wirklichkeit, sondern Anreiz … für ein veränderndes Handeln“. Sie ist eine Art Gegenprogramm: Freude wider alle Formen und verzehrenden Kräfte der Furcht. Ist Ihnen übrigens auch schon aufgefallen, dass der Wunsch *Frohe Weihnachten* zunehmend der Formulierung *Schöne Weihnachten* weicht? Bach hätte das kaum verstanden. *Schöne Weihnacht* zielt eher auf die äußere Perfektion, und da herrscht wahrlich kaum Mangel. *Frohe Weihnachten* hingegen hat die innere Gestimmtheit im Blick. Aber unabhängig davon, wie man es in dieser Frage halten will.

Gerade angesichts einer zunehmend erschöpften, ermüdeten und merkwürdig freudlosen Gesellschaft lohnt sich vielleicht eine Neuentdeckung des Weihnachtsoratoriums unter dem Leitmotiv der Lebensfreude.

Ich jedenfalls bin immer wieder überrascht, wie sehr mich das Werk beim Anhören erfreut, erfrischt und aufbaut.

Salon-Album.
SAMMLUNG
beliebter
SALONSTÜCKE
für
Piano-solo.
LEIPZIG.
VERLAG von C.F. PETERS.

Aber nicht erst wenn man sich darauf konzentriert, das Weihnachtsoratorium unter diesem Aspekt zu hören, ahnt man, wie unerschöpflich, tief und erfahrungsgesättigt das Werk in seinem spirituellen Gehalt sowie seinem musikalischen Reichtum ist. Sicher liegt hier auch zu einem guten Stück die unvergleichliche Wirkung begründet, die das Weihnachtsoratorium bis heute entfaltet und die immer neu zu intensiven künstlerischen Auseinandersetzungen inspiriert. Hinzu kommt, dass Bach selber sehr nahe an seine Zuhörer heranrückt und jede Distanz zu ihnen überbrückt. In der speziellen Anlage des Librettos werden aus Beobachtern Betroffene und aus Hörern Handelnde. Neben die biblischen Berichte treten Rezitative, Arien und Choräle, die das weihnachtliche Geschehen mit dem Leben derer verflechten, die sich hörend darauf einlassen. Unbeteiligt kann man sich dem Werk darum kaum nähern.

Ich lade sie ein, einzutreten in diesen Kosmos der Klänge und einige eigene weihnachtliche Entdeckungen mit Johann Sebastian Bach zu machen.

Möge es Ihnen dabei wie mir gehen und sie *schöne Bescherungen* damit erleben.

DU BIST EIN GESCHENK

Was ich Dir zu Weihnachten wünsche,
ist nicht, dass sich alle Erwartungen erfüllen.
Hohe Erwartungen und große Enttäuschungen
liegen mitunter nahe beieinander.

Aber dass das Fest Dir gute Gründe gibt,
Dich wieder zu wundern
über die unbegrenzten Möglichkeiten,
die Dir mit Deinem Leben geschenkt sind,
das wünsche ich Dir.

Dass Du eine Menschwerdung
am eigenen Leib erfährst,
und Du Dich überraschen lassen kannst von Dir selbst,
dass Du entdeckst, was in Dir steckt,
ist mein Wunsch für Dich.

Möge Weihnachten für Dich
zu einer schönen Bescherung werden
und Du Dich reich beschenkt fühlen.
Nicht nur mit schönen Dingen. Das auch.
Aber vor allem mit Wertschätzung und Wohlwollen
und allem, was Dich lebendig
und lebensfroh sein lässt.

Damit Du erfährst, dass Du selbst ein Geschenk bist,
und es ein Glück ist, dass es Dich gibt,
das wünsch ich Dir.
Mit einem alten Wort wünsche ich Dir:
Frohe Weihnachten.
Nicht nur, dass Du guter Dinge,
heiter und aufgeräumt bist. Das auch.
Aber dass Deiner Freude die Kraft innewohnt,
alle Formen der Furcht zu verzehren,
die dich bedrängen und Dich am Leben hindern,
das wünsch ich Dir.

Der festlichen Wirkung des Auftakts dieses wohl populärsten Werkes des großen Barockmeisters kann man sich kaum entziehen. Der Dirigent und Musikpublizist *Günter Jena* berichtet von seinen Erfahrungen, Empfindungen und Erlebnissen Folgendes:

„Mit den ersten ... Takten des Oratoriums erfüllt mich, in jedem Jahr neu, in jeder Aufführung stärker, die Gewissheit, dass alles Leben immer wieder anfangen will, dass der Himmel wunderbar aufreißen, verborgen Jenseitiges in unsere Welt einströmen, Göttliches menschlich werden kann. Also auch: dass es jenseits des Verlieses unserer Welt mit ihren Dunkelheiten und Bedrängnissen eine andere Welt gibt. Ich kann keine sichere Vorstellung von ihr haben, ..., ich kann aber ihre Fanfaren hören ... Sie verheißen Anfangenkönnen."

Salon-Album
Piano-solo
Trois
Morceaux de Salon
pour Violon avec
Accompagnement de Piano
Charles Dancla
C. F. PETERS

Anfangenkönnen, immer wieder neu anfangen können, allen Bedenken und Beschwernissen zum Trotz.

Das alleine wäre schon ein schönes Leitmotiv für die Feier der Weihnacht, die ja immer auch der Auftakt von etwas Neuem ist und uns im besten Falle, und sei es nur für wenige Stunden, eine neue Welt vor Augen führt, der das Versprechen innewohnt, dass mein Leben auch ganz anders, farbiger, reicher und glanzvoller sein könnte. Aber Bach geht noch einen entscheidenden Schritt weiter. *Auf!* Er will uns nicht nur zu einem neuen Aufbruch motivieren. Er zeigt auch, was es braucht, damit solch ein Aufbruch gelingt:

Das Orchester stimmt ein Tanzlied an, und der Chor nimmt das auf:

Jauchzet, frohlocket, auf preiset die Tage, rühmet, was heute der Höchste getan!

Einfachere Worte reichen offenbar nicht aus und sind zu klein für die Größe des Erlebnisses, das hier zum Ausdruck kommen soll. Eine Wendung wie *Freut euch, frohlocket,* hätte für das Versmaß auch völlig ausgereicht. Aber Bach wählt (wie wir annehmen dürfen, bewusst) einen Superlativ nach dem anderen. Jauchzen, Jubelschreie, ausgelassene und überschäumende Lebensfreude, Lob, Heiterkeit und eine aufgeräumte Stimmung sind der Anfang von allem. Schon im Wortanfang von *Jauchzen* klingt gleich ein *Ja* an. Dann – ziemlich im Zentrum des festlichen Eröffnungschores – folgt ein Einschub, der die Türe noch ein Stück weiter öffnet, durch die hindurch der Weg führt, auf dem Weihnachten werden könnte und sich ein neues Leben in uns rührt:

Lasset das Zagen, verbannet die Klage.

Das ist Bach so wichtig, dass er die Aufforderung – wie *Günter Jena* eingängig darlegt – jede Stimme gleich zweimal vortragen lässt. Eine fällt der vorausgehenden anderen dabei im kurzen Abstand von jeweils einem Takt ins Wort, als müsse man sich untereinander unentwegt versichern: *Lasset – lasset – lasset das Zagen, ver-*

bannet – verbannet – verbannet die Klage. Günter Jena rät jedem Chor, diese Partie, alles Klagen beiseite fegend, so frech und schnell wie möglich zu singen.

Alles Klagen mit Schwung beiseite zu fegen, ist ein Rat, der im übertragenen Sinn jeder und jedem gut zu Gesicht steht, der die Kraft erfahren will, die auch heute noch im Weihnachtsfest steckt. Es gibt immer genug zu klagen. Die Liste ist lang. Natürlich müssen wir ernst nehmen, was sich auf unserer höchstpersönlichen Mängel- und Klagenliste so ansammelt – und gewöhnlich tun wir das auch. Sehr ernst sogar. Aber wir dürfen uns nicht davon bestimmen und leiten lassen.

Frei nach Johann Sebastian Bach: das Klagen darf nicht zum Zagen oder sogar Verzagen führen. Preiset vielmehr die Tage. Freut euch aus vollem Herzen, so, dass ihr förmlich vor Lebensfreude explodiert.

Was für ein Auftakt. *Preisen* bedeutet, jemanden oder etwas besonders intensiv zu loben. Bach hat – so scheint es – keine Bedenken, die Tage mit einigen Vorschusslorbeeren zu bedenken. Natürlich bezieht sich das hier auf die anstehenden Fest- und Feiertage, wie auch der Jubel nicht grundlos ist, sondern in der Weihnachtsgeschichte wurzelt. Aber das Ganze lässt sich auch grundsätzlicher verstehen. Nicht auszudenken, wenn man so auch seine Alltage beginnen würde: sie mit einem großen, zustimmenden Ja zu begrüßen und vorbehaltlos zu preisen, statt zu befürchten, welche Anstrengungen und Aufgaben sie wohl bringen mögen. Welche Energie darin stecken muss, stets das Beste zu erwarten und sich heiter des Lebens zu freuen, statt bei Bedenken und Befürchtungen stehen zu bleiben, so berechtigt diese im Einzelfall auch sein mögen. Mich inspirieren die ersten Takte von Bachs Meisterwerk auch, die Dinge einmal anders anzugehen, fröhlich und heiter anzufangen und zu erleben, welche Energie dadurch frei wird.

EINEN NEUEN ANFANG WAGEN

Was ich Dir zu Weihnachten wünsche,
ist nicht nur, dass Du mit dem Fest etwas anzufangen
weißt. Das auch.

Aber ich wünsche Dir vor allem,
dass Du mit Dir selbst etwas anzufangen weißt.
Dass Du Dich an allen Deinen Tagen freuen
und vorbehaltlos Ja sagen kannst
zu Dir und Deinem Leben, das wünsch ich Dir.
Aber auch, dass Weihnachten Dich
an Deine tiefsten Träume erinnert
und Dir Mut macht, ihnen zu trauen.

Möge Weihnachten Dir alle Angst nehmen,
Dein Leben neu und anders anzugehen
und Dir die Kraft schenken,
ihm hinzuzufügen, was Dir daran noch fehlt.

Was ich Dir zu Weihnachten wünsche,
ist nicht nur, dass es für Dich
zu einem Fest des neuen Anfangs werde. Das auch.
Aber dass es Dir zum Fest
des freudigen Abschieds werde,
das vor allem wünsche ich Dir.

Möge Weihnachten alles wegwischen,
was Dich bedrückt und bedrängt.
Dass Du leichten Sinnes
und ohne Klagen zurücklassen kannst,
was immer Dein Herz beschwert,
dass Zuversicht wächst, wo vorher Zaghaftigkeit war,
wünsche ich Dir.

Möge Weihnachten für Dich zum Fest der Fülle und
Erfüllung werden,
die aus der Lebensfreude strömt,
Dich zu neuen Ufern trägt
und alle Deine Tage mit Glück und Gelingen segnet.

Der positive Grundton, den Bach anschlägt und von dem sich fürs Leben lernen lässt, durchwirkt das ganze Weihnachtsoratorium. Bei aller Innigkeit und den weich-verschmelzend warmen Farben, mit denen Bach seine Musik malt und starke Empfindungen von Geborgenheit und Aufgehobensein auslöst, dominiert doch ein zupackendes, helles, leuchtend-klares und strahlend-glänzendes Klangbild Bachs Komposition. Es sind die Dur-Tonarten, mit denen Bach die einzelnen Teile seines Werkes von innen her verbindet und in denen sich eine Architektur verbirgt, die auf Symmetrie und einer wohl überlegten und behütenden Ordnung beruht. Für den Menschen der Barockzeit war diese Ordnung, die wir heute wohl eher intuitiv und vielleicht nur wie ein fernes Echo vernehmen, selber ein Symbol für die göttliche Kraft, die den Kosmos durchströmt und zusammenhält. Insbesondere im strahlenden D-Dur, das – verbunden mit dem Klang der Trompeten und Pauken – die Teile I, III und VI miteinander verbindet,

öffnet sich ein Fenster, durch das der Glanz einer anderen Wirklichkeit in unsere Welt fällt, die alles in ein neues Licht taucht.

Bachs Weihnachtsoratorium lädt dazu ein, sich an diesen Strom von Liebe und Leben anzuschließen und ihn kraftvoll durch das eigene Leben ziehen zu lassen.

Johann Sebastian Bach's Kompositionen
für die
ORGEL
Kritisch-korrekte Ausgabe
von
GRIEPE KERL und FERDINA
EDITION PETERS
.BAC
GELWERKE
Charles Dancla

Ich erinnere mich an eine meiner Tanten, die zeitlebens schwer an Diabetes erkrankt war. Sie hatte für sich entschieden, dass es im Leben genug *Moll* gebe, Schweres und Schwieriges, das nicht leicht zu tragen sei. Sie hörte nur noch Musik, die in *Dur* gesetzt war. Natürlich sind Assoziationen, wonach *Dur* für alles Fröhliche, Lichte, Leichte und Lebendige steht und *Moll* für alles Traurige, Dunkle und Schwere mit Vorsicht zu genießen. Es kommt letztlich auf den (musikalischen) Gesamteindruck an.

Das Weihnachtsoratorium indes durchglüht eine insgesamt festlich-freundliche Gesamtatmosphäre, wohltönend und wohltuend. Wenn es gelänge, etwas von dieser Grundstimmung in den Alltag zu retten, würde vielleicht auch der stimmiger.

WEIHNACHTSGEDANKEN IN MOLL UND DUR

Was ich Dir zu Weihnachten wünsche,
ist nicht nur, dass das Fest stimmungsvoll sein möge.
Das auch.
Aber ich wünsche Dir vor allem,
dass es für Dich stimmt.
Dass Du in Stimmung kommst,
einerlei ob leichten oder schweren Herzens,
und einstimmen kannst aus voller Seele
in das Fest des Lebens,
in dem alles seinen Platz hat –
Helles und Dunkles,
Schönes und Schweres,
Lustiges und Trauriges, Dur und Moll,
Höhen und Tiefen –
das wünsch ich Dir.

Ich wünsche Dir nicht, dass alles perfekt gestylt ist.
Darauf kommt es gar nicht an.
Aber dass das Fest
Deinem persönlichen Stil entspricht
und dem,
was Du jetzt brauchst,
das wünsch ich Dir.
Möge dieses Fest und Dein Leben
Deine Handschrift tragen.

Nicht, dass immer eitel Friede und Freude herrschen,
wünsche ich Dir.
Aber dass die Atmosphäre stimmt,
dass Du Spannungen,
Schweres und Schmerzhaftes aushältst
und dass ab und an
ein Funke Versöhnung aufblitzt,
der Frieden in unsere aufgewühlten Seelen bringt,
das wünsch ich Dir.

Nicht, dass Weihnachten
plötzlich alles im warmen Kerzenschein verklärt,
was zuvor schon nicht gestimmt hat.
Aber, dass Du erfährst,
dass der Glanz dieser Nacht
gerade im Dunkeln aufscheint,
das wünsch ich Dir.

Aus dem vorausgehenden Wunsch ergibt sich ein weiterer Aspekt, den ich für mich das aufgeräumte Wesen des Weihnachtsoratoriums nenne. Kennen Sie das auch? Beim Hören speziell der Musik von Johann Sebastian Bach ordnen und klären sich wie von unsichtbarer Hand meine Gedanken. Das mag damit zusammenhängen, dass diese Musik selber so klar und aufgeräumt ist. Mich ermuntert das, die Feiertage und die Zeit zwischen den Jahren auch dazu zu nutzen, mein Leben zu ordnen, Dinge zu klären, abzuschließen oder zu verabschieden, die Gewichte neu auszutarieren, mir das Leben (wieder) leichter zu machen und so selbst zu einem aufgeräumten Wesen zu werden.

Dass „aufgeräumt“ in unserem Sprachgebrauch beinahe gleichbedeutend ist mit „heiter“, bildet eine schöne Klammer zur heiteren Grundstimmung, in die einzustimmen Bach uns lockt.

ewige Ruh.
Stimmlein erklingt.
Englein, kommt!
Vom Himmel
Susani

Der Ort, an dem das geschehen soll, ist kein anderer als das alltäglich gelebte Leben. Dass und vor allem wie mit Weihnachten der Himmel zur Welt kommt, macht Bach wie nebenbei mit einem musikalischen Kunstgriff deutlich. Nicht nur, dass er zahlreiche Kompositionen aus seinem weltlichen Repertoire für das Oratorium mit neuer, geistlicher Bedeutung auflädt. Die Bachforschung behandelt das unter dem Stichwort der *Parodie*, der insbesondere bei der Entstehung des Weihnachtsoratoriums eine herausragende Bedeutung zukommt. Bach greift auch für die Choräle auf populäre Melodien zurück, die bei den Hörern

seiner Zeit eindeutig zunächst profane Assoziationen ausgelöst haben dürften. Ein prominentes Beispiel dafür ist gleich der erste vierstimmige Choral *Wie soll ich dich empfangen?*. Die Melodie stammt ursprünglich von dem Tanzlied *Mein Gmüt ist mir verwirret, das macht ein Jungfrau zart* und nicht vom Passionslied *O Haupt voll Blut und Wunden*, das wir (heute) damit verbinden.

Die Grenzen zwischen den Sphären weltlich/profan und geistlich/spirituell fließen im Weihnachtsoratorium ineinander, vermischen und durchdringen sich.

Ähnlich verhält es sich, wenn zwei Stimmen, die diesen unterschiedlichen Sphären angehören, wie etwa in der berühmten Echo-Arie des III. Teils – *Herr, dein Mitleid, dein Erbarmen, tröstet uns und macht uns frei* – vokal und instrumental miteinander verschmelzen. Dass das Werk heute häufig außerhalb sakraler Zusammenhänge und mitten in den adventlichen Trubel hinein aufgeführt wird, ist vor diesem Hintergrund eher folgerichtig und eigentlich sehr treffend und werkgerecht.

Wenn Weihnachten nicht selbst zur Welt kommt und im (eigenen) Leben lebendig wird, verfehlt das Fest seine eigentliche Bestimmung.

WENN DER HIMMEL HAND UND FUSS BEKOMMT

Was ich Dir zu Weihnachten wünsche,
sind nicht nur gesegnete Feiertage.
Das natürlich auch.
Aber dass Weihnachten werde in Deinem Leben,
das vor allem wünsche ich Dir.

Mögest Du spüren,
wie der Himmel Hand und Fuß bekommt
und zur Welt kommen will,
jeden Tag neu.
Dass das Erleben der Feiertage
auch Deine Alltage prägt,
sie reich macht an Leben und Liebe
und Dir viele besondere Momente schenkt,
das wünsche ich Dir.

Was ich Dir zu Weihnachten wünsche, ist nicht,
dass Dein Leben ungestört bleiben möge.
Das gibt es nicht.
Aber dass das Glück und die Geborgenheit,
die Du in diesen Tagen erfahren hast,
Dich stark machen
gerade angesichts der Gefahren
und Gefährdungen des Lebens
und Dir die Kraft geben,
seine Kämpfe zu bestehen,
das wünsche ich Dir.

Mögest Du darauf vertrauen können,
dass Du stets einen starken Verbündeten hast
und alles gut wird,
auch wenn die Wege dahin vielleicht schwierig sind.

Dass Weihnachten für Dich nicht nur ein Fest bleibt,
sondern lebendige Wirklichkeit wird,
das wünsche ich Dir.

Vielleicht geht Ihnen das alles zu weit. Immerhin handelt es sich doch „nur“ um Weihnachten. Einverstanden. Aber Weihnachten ist im Weihnachtsoratorium weit mehr als die Geburt des göttlichen Kindes im Stall. Das natürlich auch. Dieses zentrale Ereignis indes ist wie ein Kraftfeld, von dem her sich alles andere entwickelt. Bach ist mindestens ebenso sehr an diesen Wirkungen interessiert und daran, wie Weihnachten die Welt verändert. In den sechs Teilen, in denen er sein Oratorium komponiert, nähert er sich aus unterschiedlichen Perspektiven und mit verschiedenen musikalischen Mitteln dem Geheimnis von Weihnachten, die in der Summe und bei aller Vielfalt und Verschiedenheit dann aber doch wieder eine spannungsvolle Einheit und ein Gesamtbild ergeben. Weihnachten ist für Bach ein einziges, großes Ja zum Leben. Er lässt dabei nichts aus: Himmel und Erde, Licht und Finsternis, Leben und Sterben, Geburt und Tod, Vertrauen und Angst, Gefahr und Geborgenheit, Kampf, aber eben auch die Kraft, die Kämpfe des Lebens zu bestehen –

Weihnachten berührt und verändert alles, so wie Bachs Musik selbst seine Hörerinnen und Hörer berührt und verändert.

Er komponiert dabei – ganz im Sinne der ähnlich lautenden Arie einer früheren Kantate – so etwas wie eine *Lehre des Lebens* in sein Werk hinein:

Das Größte kommt im Kleinsten zum Vorschein ...
Großer Herr und starker König

Ein neuer Tag erwacht, und das Leben beginnt noch einmal
Brich an, o schönes Morgenlicht und lass den Himmel tagen

Die Liebe bekommt Hand und Fuß
Dass du, o lang gewünschter Gast, dich nunmehr eingestellet hast

Es gibt gute Gründe, vorbehaltlos Ja zu sagen zum Leben
Oder soll ich mich erfreuen? Ja, du Heiland sprichst selber ja

Alles wird gut werden
Nun seid ihr wohl gerochen an eurer Feinde Schar

Dabei führt kein namenloses Schicksal Regie, sondern Gott selbst – der ewige Strom der Liebe und des Lebens – hat seine Hand im Spiel. Wer darauf vertraut, erfährt die ihm innewohnende, unerschöpfliche Lebenskraft und Stärke, die sich durch nichts und niemanden mehr beirren lässt:

Schließe, mein Herze, dies selige Wunder fest in deinen Glauben ein! Lasse dies Wunder, die göttlichen Werke, immer zur Stärke deines schwachen Glaubens sein!

seph, lie - ber seph mein, hilf mir wie-gen mein Kin -
will dein Loh - ner sein im Him - mel - reich, der Jung - frau

Aber Bach ist kein Fantast. Er weiß, dass nach den Feiertagen wieder Alltage warten, der Glanz dieser Zeit rasch verblassen kann und die neu aufkeimende Lebenskraft stets auch von mächtigen Gegenspielern und feindlichen Kräften bedroht ist. Statt himmlisch zu sein, kann das Leben schnell (wieder) zur Hölle werden. Im Weihnachtsoratorium treten die widerstrebenden Kräfte in der Person des König Herodes auf den Plan oder als das Ensemble der lebensbedrohlichen Mächte *Tod, Teufel, Sünd und Hölle*. Aber gerade weil das so ist, ermuntert Bach seine Hörer dazu, nicht zu verzweifeln oder zu verzagen, sondern das einmal gefasste Vertrauen auf gar keinen Fall wieder aufzugeben. Im abschließenden VI.Teil kommt es zum dramatischen *Showdown*. Angesichts des *Schnaubens der stolzen Feinde* findet der Chor wiederum genau im Zentrum der betreffenden Eröffnung die angemessene Haltung: *Wir wollen dir allein vertrauen, so können wir den scharfen Klauen des Feindes unversehrt entgehn.*

Letztlich schenkt nur der Glauben Geborgenheit gegen alle Gefährdungen des Lebens.

Wem es aber gelingt, fest zu vertrauen, der erfährt, dass alle lebensfeindlichen Mächte *ganz und gar geschwächt sind*, ihre Kraft längst gebrochen ist und jede und jeder von uns einen starken Verbündeten hat: *Bei Gott hat seine Stelle das menschliche Geschlecht.*

Wie schon den Auftakt prägen wiederum musikalische Motive der Hoffnung, Zuversicht und des Mutes die letzten Takte des Werkes, die noch tief im Herzen nachklingen, wenn die Instrumente und die Stimmen schon längst verstummt sind. So beschreibt *Günter Jena* die Wirkung des Schluss-Chors: „(Bach) spricht von einer Ur-Erfahrung, die in allen Religionen ihren Niederschlag gefunden hat und die wir im Alltag unseres Lebens immer wieder machen: Friede, Glück, Freude, Kindheit bleiben nicht ungestört … (Aber) man muss hören, immer und immer wieder neu hören, mit welchem Freuden- und Freiheitsgesang Bach schließt. Mit einem Trompetenkonzert der allervirtuosesten Art wird das düster(ere) … Moll des Chorals, der das Oratorium mit der bangen Frage *Wie soll ich dich empfangen?* eröffnet hat, jetzt, am Ende der langen Erfahrung mit den Wundern des Himmels und den Düsternissen der Erde, in schmetterndem D-Dur *zerbrochen* … Noch einmal hören wir alle musikalischen Motive der Hoffnung (und) Visionen der Morgenröte."

Ja, jauchzet, frohlocket und preiset die Tage: Lebensbejahung, Mut, Vertrauen und Freude öffnen die Tür, durch die jede und jeder zu der Stelle eintreten kann, wo das Glück zu finden ist – und das nicht nur zur Weihnachtszeit.

Weihnachts Album
Weihnachts-zeit
Wieder von Frieden und Freud

Sonaten
Pianoforte solo
von
L. VAN BEETHOVEN
herausgegeben
von
KÖHLER
und
RUTHARDT.
revidierte Ausgabe.

„Manchmal, wenn ich nach Aufführungen des Weihnachtsoratoriums die Menschen mit strahlenden, von den Trompetenklängen erleuchteten Gesichtern in das dunkle Winternaß treten sehe, empfinde ich, sie sind … eine verzauberte Gemeinschaft von Glücklichen, von Heiteren, von Menschen, die immer wieder aufbrechen möchten, Neues gern und mutig beginnen wollen und sich doch sicher und geborgen fühlen.

Wir haben unser Weihnachten eingerichtet im Geheimnisvollen der Dunkelheit, in der Trautheit der ‚Stillen Nacht'. Hörer des Weihnachtsoratoriums können Weihnachten auch anders erleben: nicht, oder jedenfalls nicht nur so dunkel-heimelig, wie es gerade in Deutschland Brauch ist. Und sie nehmen aus den weihnachtlichen Gedanken Hoffnung und Freude in ihren Alltag, wenn sie den Bachschen Trompetenklängen gelauscht und dabei erstaunt gefragt haben: ‚Wie, hör ich das Licht?'

Manchmal denke ich, wir müssten den vielen niedergedrückten Menschen unserer Zeit mit ihren verhärmten Gesichtern nur verordnen, sich öfter der Freude und Sonne des Weihnachtsoratoriums auszusetzen.

Denn nur Freude kann uns heraushelfen aus alltäglicher Müdigkeit, Niedergedrücktheit und schnellem Resignieren. Sie ist wahrlich ein ‚Götterfunken', Glanz aus einer anderen Welt des Lichts …“

Günter Jena, Brich an, o schönes Morgenlicht.
Das Weihnachtsoratorium von Johann Sebastian Bach

Dank

Ich danke Günter Jena und Meinrad Walter für deren profunde Werkeinführungen, denen ich wesentliche Inspirationen und wichtige Erkenntnisse zu verdanken habe und die ich zur weiterführenden und vertiefenden Lektüre gerne nachdrücklich empfehle:

Günter Jena, Brich an, o schönes Morgenlicht. Das Weihnachtsoratorium von Johann Sebastian Bach. topos taschenbücher. Kevelaer 2009

Meinrad Walter, Johann Sebastian Bach. Weihnachtsoratorium. Bärenreiter Werkeinführungen. Kassel 2006

Meinrad Walter, Erschallet, ihr Lieder, erklinget, ihr Saiten! J. S. Bachs Musik im Jahreskreis, Zürich und Düsseldorf 1999

MIX
Papier aus verantwortungsvollen Quellen
FSC® C043106

Ulrich Peters, geboren 1959, Dipl.-Theol., Vorstand und Verleger. Veröffentlichungen zum Thema Lebenskunst, zu Weihnachten und zu den Festen im Jahreskreis.

Zur Künstlerin:
„Bin ich eine Künstlerin? So habe ich mich nie gesehen. Aber ich spüre, dass meine Engel Menschen Freude machen, dass ich damit anderen Freude bereite, und das empfinde ich als Glück", sagt **Elsbeth Messmer**, von der die Engel und Sterne in diesem Buch stammen. Sie lebt in St. Gallen und betreibt dort seit vielen Jahren die Kunst- und Antiquitätenboutique „Töpferschiibe" am Gallusplatz, ein ganz besonderer Ort, an dem es sich träumen lässt und an dem man schöne Entdeckungen machen kann.

ISBN 978-3-86917-592-8

ein Unternehmen der Verlagsgruppe Patmos
in der Schwabenverlag AG, Ostfildern
Im Alten Rathaus/Hauptstraße 37
D-79427 Eschbach/Markgräflerland

www.verlag-am-eschbach.de

Gestaltung, Satz und Repro: Angelika Kraut, Verlag am Eschbach
Schriftvorlagen: Ulli Wunsch, Wehr
Herstellung: Grafisches Centrum Cuno GmbH & Co. KG, Calbe

Manufakt
Dieser Baum steht für umweltschonende Ressourcenverwendung, individuelle Handarbeit und sorgfältige Herstellung.